AF300538

Detlef Welker

Hüte dich vor dem Gorm!

Detlef Welker

Hüte dich vor dem Gorm!

Bibliografische Information der Deutschen Nationalbibliothek: Die Deutsche Nationalbibliothek verzeichnet diese Publikation in der Deutschen Nationalbibliografie; detaillierte bibliografische Daten sind im Internet über dnb.dnb.de abrufbar.

„Verlag: BoD · Books on Demand GmbH,
In de Tarpen 42, 22848 Norderstedt
„Druck: Libri Plureos GmbH, Friedensallee 273,
22763 Hamburg".

ISBN: 978-3-7693-0778-8

Inhaltsverzeichnis

1 Eins und Drei sind Vier und zwei

<u>Der Reim des GORM</u>

Eins und Drei sind Vier und zwei,
so geht der dunkle Reim.
versprichst du dich, dann ist's vorbei,
gehst mir auf den Leim.

Fünf und Neun und Sechs und Acht,
fragst du nach der Sieben?
Wo sie steckt, das hat die Nacht
dir ins Herz geschrieben.

Eins ist klein und Neun ist dumm,
Zwei und Acht sind alt.
Drei und Fünf und Sieben krumm,
Vier und Sechs sind kalt.

Eins und Drei sind Vier und zwei,
so geht der dunkle Reim.
Versprichst du dich, dann ist's vorbei,
gehst mir auf den Leim.

Draußen war längst die sternenklare Winternacht angebrochen.

Die beiden Kinder standen frierend am Fenster ihres Zimmers und schauten hinunter auf den Hof. Dort stand im hellen Mondlicht, nur einen Steinwurf von den Kindern entfernt, ein fast fertiger Schneemann, ganz allein und verlassen vor einem alten, verfallenen Schuppen.

Das einzige Fenster in der roten Ziegelwand des Schuppens war mit modernden Brettern vernagelt. Direkt vor der windschiefen Brettertür krallte sich ein trockener Strauch in das von Schnee bedeckte Hofpflaster.

Thyra, das kleine Mädchen, zog einen grün und braun geringelten, dicken Schal fest um sich herum.

„Ich gehe jetzt ins Bett. Mir ist so kalt!"

„Halt, warte bloß noch einen Augenblick, dann zeige ich dir, was ich gemeint habe!" versprach der Junge seiner kleineren Schwester und zog sie wärmend zu sich heran.

Kaum hatte er das gesagt, da funkelten die

alten Bretter der Schuppentür glutrot durch das trockene Gesträuch. Dazu raste ein blendender Blitz durch die Bretterfugen und Astlöcher der Tür.

Das Geschehen währte aber nur einen ganz kurzen Augenblick. So kurz nur, dass man sich fragen musste, ob es überhaupt passiert war.

Unbewusst hatte Harald, so hieß der Junge, das erschrockene, kleine Mädchen fester in die Arme gezogen.

„Siehst du, ich habe Recht gehabt!"

„Haha, toll, was war das denn? Geht das noch mal?"

Die Kleine schien, nachdem der erste Schrecken überwunden war, kein bisschen Angst zu haben.

„Das findest du toll, ja? Na, ich habe jedenfalls keine Ahnung was da immer passiert. Und das geht jede Nacht einmal so. Schon seit wir hier eingezogen sind. Du hast ja bisher immer geschlafen, aber ich bin davon schon einige Male aufgewacht.

Ich finde das Ganze gruselig. Wer weiß was da in dem Schuppen passiert."

„Vielleicht haust da der ‚*Gorm*‘, von dem Tante Amalia immer geredet haben soll?" kicherte das Mädchen und drehte sich mit finsterer Grimasse und mit zu Monsterklauen gebogenen Händen zu ihrem Bruder um, „Ahrrg!"

„Quatsch, die hatte doch nicht alle Nadeln an der Tanne. Hat Mama selbst gesagt." Harald grinste. Dann hob er wichtigtuerisch einen Finger und versuchte auszusehen wie ihr Vater: „Vielleicht gibt es da ja einen Kurzschluss in der elektrischen Leitung und der blöde, alte Schuppen brennt bald ab?"

„Du spinnst ja total!" Das Mädchen schlüpfte mit einem Satz in ihr Bett und kuschelte sich unter die Decke.
Weil nun weiter nichts mehr passierte, legte auch Harald sich in sein Bett.

„Wenn du nicht gewesen wärst, dann hätten wir den Schneemann schon fertig gehabt, altes Zickenbein!" maulte er Thyra an. „Was musstest du dich auch von Mama erwischen lassen, als du die Möhre aus dem Gemüsekeller klauen wolltest."

„Na und, ich kann ja nichts dafür, dass Mama mich auf der Kellertreppe gehört hat", protestierte das Mädchen. „Und nenn mich nicht immer altes Zickenbein, ja!"

„Na gut, dann bauen wir den Schneemann eben morgen früh heimlich fertig. So lange wird er schon noch ohne Nase auskommen. Und eine schöne Überraschung wird es dann bestimmt immer noch."

2 Einen Schneemann bauen

Den ganzen Nachmittag über, so lange es hell gewesen war, hatten sie an dem Schneemann gebaut, und sogar noch ein wenig darüber hinaus.
Für die große Kugel hatte es massenhaft Schnee an der Mauer zum Garten gegeben. Die zweite Kugel musste nicht ganz so groß sein, da sie den Mittelteil des Schneemanns bilden sollte. Dafür hatten sie rings um den Brunnen genügend zusammen bekommen.
Wie schon in den letzten Tagen, waren auch an diesem Nachmittag, unendlich viele große Flocken, wie verspielte, weiße Falter vom Himmel getaumelt. Die ganze Welt, schien es den Kindern, musste inzwischen von einer dicken weißen Flaumschicht bedeckt sein.
Dort wo die Kinder ihre Kugeln gerollt hatten, waren nun deutliche Spuren im Hof zu sehen.
Die zwei großen Kugeln hatten sie vorm Schuppen, in der Mauerecke zur Gartentür,

schon übereinander gerollt. Für den Kopf des Schneemanns braucht man allerdings noch eine dritte, kleinere Kugel.

„Die kannst du ja rollen!", hatte Thyra ihrem Bruder befohlen. „Vorm Schuppen liegt noch massig viel Schnee."

„Und warum machst du das nicht?" Harald sah nicht ein, warum er zu dem gruseligen Schuppen gehen sollte.

Die schiefe Brettertür mit dem trockenen Strauch davor sah aus, als ob sie bald auseinanderfallen wollte. Darüber hinaus war eigentlich weiter nichts Besonderes an dieser Tür. Der Junge hatte aber schon einmal, an einem stillen Sommernachmittag, kurz nachdem sie hier in Tante Amalias Haus eingezogen waren, durch die Ritzen der Tür gespäht. Im Schuppen war es gerade so dunkel gewesen, dass man nichts Genaues erkennen konnte.

Einmal hatte er gemeint, etwas Schwarzes geschäftig darin herum huschen sehen.

Dann wieder hatte er geglaubt, ein Funkeln wie von brennenden Kohlestückchen wahrgenommen zu haben.

Und in der letzten Zeit, seit der Winter hier richtig Einzug gehalten hatte, war noch dieses geheimnisvolle, nächtliche Blitzen hinzugekommen. Aber seine Schwester hatte ihm bisher nicht glauben wollen.

So stand er nun im Schnee und starrte gedankenverloren auf die Schuppentür.

Als sich jetzt Thyra hinter ihn geschlichen und ihn plötzlich, schrill kreischend an der Hüfte gepackt hatte, war er so erschrocken gewesen, dass er einen kleinen Schrei ausgestoßen hatte.

Sie hatte ihn bloß ausgelacht. „Angsthase, Pfeffernase, morgen kommt der Osterhase!"

Das hatte er natürlich nicht auf sich sitzen lassen können. Welcher große Junge lässt sich auch schon von seiner kleinen Schwester einen Angsthasen nennen?

„Pass auf, Zickenbein!" Schnell hatte er Mut gefasst, die letzte Kugel zusammengerollt und oben auf den Schneemann gewuchtet.

Die Kohlenaugen und einen Mund aus kleinen Stöckchen waren nun schnell in die Kugel gedrückt. Die Idee des Mädchens war es gewesen, die Stöckchen nebeneinander, wie gruselige Zähne anzuordnen.

Das Ergebnis konnte sich sehen lassen. Mit dem Schneemann wollten sie am nächsten Morgen Mama und Papa überraschen. Die würden vielleicht Augen machen, was für einen großen Schneemann sie dahingebaut hatten.

Die Mohrrübe für die Nase hatten sie allerdings nicht so leicht besorgen können, deshalb fehlte sie noch. Nur ein Loch war dafür mitten im Schneemanngesicht vorbereitet.

Eigentlich hatte der Kopf mit den Stöckchenzähnen und ohne Nase noch etwas unheimlich gewirkt. Thyra hatte die Möhre dem Schneemann natürlich selbst, sozusagen als Paradestück ins Gesicht stecken wollen.

Sie war losgeflitzt um eine passende aus

dem Gemüsekeller im Haus zu holen.

Der Junge war indessen gerade mit einem Eimer in der Hand aus dem mit allerlei Gerümpel vollgestellten Waschhaus getreten. Der Schneemann sollte mit dieser Kopfbedeckung, den letzten modischen Chic verpassen bekommen.

Plötzlich hatte er Mama im Haus rufen hören.

„Was willst du denn da im Keller, Schätzchen?

Nun aber sofort und stante pede rein mit euch, es ist ja schon dunkel, und das

Abendbrot steht schon auf dem Tisch, und Papa ist auch schon da, und wir wollen essen, los, los, los, sonst holt euch noch der *Gorm!*"

‚Ich hab's ja geahnt', dachte Harald noch, ‚sie lässt sich erwischen'. Nun würde die Überraschung heute wohl nicht mehr fertig werden.

Und so hatte er seufzend den Eimer auf

dem Hof in den Schnee gestellt und sich ins Haus, in die geräumige, warme Küche begeben.
Thyra und die Eltern saßen schon am Tisch und warteten auf ihn.

3 Die unheimliche Tante Amalia

Die Familie war erst in diesem Frühjahr, in dieses alte Haus am Stadtrand gezogen.

Früher wohnte eine alte Tante von Mama – Tante Amalia – hier im Wohnhaus. Sie war aber längst gestorben, bevor die Kinder sie auch nur einmal gesehen hatten.

Das Haus war Teil eines ehemaligen Rittergutes, einer Art ziemlich großen Bauernhofes, gewesen und hatte, wie die anderen Gebäude auch, Tante Amalia gehört. Da gab es eine große Scheune mit Tenne, eine Remise, eine rußige Schmiede mit blinden Fensterscheiben, eine zugige Halle mit zwei alten Traktoren darin und verlassene Ställe für allerlei Tiere.

Die Gebäude waren teilweise uralt und auch schon lange nicht mehr im Gebrauch. Sie verfielen allmählich.

Mama hatte den Kindern erzählt, dass sie in ihrer eigenen Kinderzeit selbst einmal hier zu Besuch war.

„Eine Woche in den Ferien. Eine Woche nur.

Aber das war lange genug für mich!" sagte Mama. „Tante Amalia war einfach unheimlich. Immer hatte sie Angst vor dem komischen Gorm. ‚Hüte dich vor dem Gorm, Kind!‘ sagte sie bei jeder Gelegenheit, und schaute mir dabei mit weit aufgerissenen Augen ins Gesicht. Und dann kam sie mit ihrer Nase ganz nahe heran und stippte mir obendrein noch ihren spitzen Zeigefinger so heftig auf die Brust, dass ich davon blaue Flecken bekam: ‚Hüte dich vor dem Gorm!‘" Ja, klar! Und vorhin hatte Mama selbst scherzhaft mit dem „Gorm" gedroht.

„Was ist denn der Gorm eigentlich, Mama?", fragte Harald misstrauisch und mit vollem Munde kauend.

„Ich weiß es auch nicht. Das hat Tante Amalia nie gesagt. Sondern immer nur: ‚Hüte dich vor dem Gorm!‘"

„Erzähle den Kindern doch nicht immer diese alte Geschichte! Deine Tante Amalia hatte sie doch nicht alle. Einem Kind solche Angst zu machen. Und dann rückt sie noch nicht einmal damit raus, wovon sie eigentlich spricht." Papa schüttelte den Kopf.

„Noch jemand Tee, hm?" Er goss allen noch einmal nach und setzte die Kanne wieder auf den Herd.

„Wenn ich du gewesen wäre, ich hätte nicht eher Ruhe gegeben, als bis ich das Geheimnis um den Gorm ausgetüftelt hätte, jawohl!"

„Ob das vielleicht etwas mit dem Schuppen zu tun hat? Da blitzt es manchmal nachts ganz hell, Papa." Harald glaubte auf der richtigen Spur zu sein. Aber Papa schüttelte den Kopf und tadelte: „Wie, hell? Du solltest abends nicht mehr so aufregende Geschichten lesen, dann schläfst du auch besser und träumst nicht von hellen Blitzen. Jawohl, was?" Papa biss kopfschüttelnd in sein Brot.

„Helle Blitze, im Schuppen' ts, ts, ts! Dass ihr mir bloß nicht auf die Idee kommt in den Schuppen zu gehen. Der ist baufällig. Wenn man da hineingeht und laut hustet, könnte er einem überm Kopf zusammenfallen. Das hat jedenfalls Tante Amalia in ihrem Testament geschrieben. Und selbst sie war all die Jahre nicht darin gewesen, aus Angst, dass er einstürzen könnte.

War wohl vielleicht auch der einzige vernünftige Satz in ihrem Testament, außer," Papa kicherte und sprach mit Hexenstimme: ‚Hüte dich vor dem Gorm! ‘ Haha, ha, haha! das stand zum Schluss auch noch drin."

4 Ein Griff unter der Fensterbank?

Daran dachte der Junge jetzt, kurz vorm Einschlafen. Und daran, dass der schöne Schneemann nicht fertig geworden war, weil sich Thyra nicht leise genug in den Keller hatte schleichen können. Nun konnten sie ihre Eltern morgen nicht mit dem selbst gebauten Schneemann überraschen. Schade!

„Ich wünschte, der Schneemann hätte eine Nase bekommen", schimpfte er leise mit seiner Schwester.

Dann beschloss er kurzerhand, heute einmal auszuprobieren, wie es sich in seinem Bett schlafen ließe, wenn er sich anders herum, also den Kopf ans Fußende und die Füße ans Kopfende des Bettes legte.

Schnell angelte er sich sein Kissen, wuselte herum und schloss die Augen.

Dann aber, öffnete er sie doch noch einmal einen winzigen Spalt und spähte zu dem hellen Mond, der sein rundes, gelbes Gesicht im Fenster zeigte.

Immer wenn er nun die Augenlider langsam zusammenpresste, verwandelte sich der dicke Mond zuerst in einen strahlenden Stern, und dann in ein blitzendes Kreuz. Wenn er die Augen wieder öffnete, war der Mond wieder vollständig zu sehen.

Das war interessant! Wenn er so blinzelte, sah sogar das dunkle Zimmer ganz anders aus. Selbst die Fensterbank, aus eigentlich glatt gehobeltem, rotem Holz, wirkte, als hätte sie einen schwarzen Griff auf ihrer Unterseite.

„Hahaha, ein Griff unter der Fensterbank!" Augen langsam schließen – Augen auf. Augen zu – Augen auf. Merkwürdig, nun glaubte er den Griff auch mit richtig geöffneten Augen zu sehen. Was war das denn? Augenblicklich sprang er noch einmal aus dem Bett und sah nach.

Klar, der Griff war so weit unter der

Fensterbank angebracht, dass ihn nur sehen konnte, wer verkehrtherum im Bett lag! Deshalb hatte er ihn bis jetzt auch noch nicht entdeckt.

Harald hockte sich hin, und versuchte mit dem vermaledeiten Griff heraus zu ziehen, was immer da unter dem Fenster stecken mochte. Hatte er etwa rein zufällig ein Geheimfach entdeckt?

Der blöde Griff ließ sich allerdings kein Stückchen bewegen.

„So ein Mist!"

Er zog nun mit beiden Händen daran und stütze sich mit seinen nackten Füßen an der eiskalten Wand ab. Einmal, zweimal, ruckte er kräftig am Griff.

Dann gab plötzlich etwas kreischend nach, und der Junge flog, rückwärts polternd, auf die Dielen des Fußbodens.

„He, was machst du denn für einen Lärm?" Jetzt war Thyra aufgewacht. „Und was hast du da für eine Kiste in der Hand?"

Schnell sprang auch sie aus dem Bett und wickelte sich ihren grünbraunen Schal um die Schultern.

„Zeig doch mal!"

Es war eine flache, stumpfgraue Blechkiste, die Harald in der Hand hielt. Eigentlich nichts Besonderes. Sie sah ziemlich normal und etwas verbogen aus. Aber darin lag noch eine kleinere, bunte Blechschachtel mit einem Bild auf dem Deckel, auf welchem fremd und altertümlich gekleidete Leute, umgeben von merkwürdiger Schrift zu sehen waren.

„Mach doch mal auf, los!"

„Meinst du wirklich?" Harald war nicht ganz wohl dabei. Er hatte ein merkwürdiges Kribbeln im Bauch. Aber neugierig war er natürlich auch.

Er besah sich die kleine, bunte Blechdose etwas näher. Sie war länglich, etwas größer als seine Hand und ziemlich leicht.

Gold würde da ganz bestimmt nicht drin sein, da müsste sie mehr wiegen.

Der Deckel war vorn mit einer goldfarbenen Spange verschlossen, die Harald rasch nach oben knipste.

„Ich mache sie jetzt wirklich auf. Gehe

lieber etwas zurück und schließe die Augen! Wer weiß was da zum Vorschein kommt. Vielleicht ein abgeschnittener Piratenfinger oder ein Teufelsgoldstück oder Hexenzähne." Ein bisschen wollte er seiner Schwester heimzahlen, dass sie ihn heute Morgen Angsthase genannt hatte.

„Du erzählst Schwachsinn. Mir kannst du keine Angst machen!" Das Mädchen riss ihm die Dose aus der Hand und klappte den Deckel zurück, bevor ihr Bruder etwas tun konnte.

Aus der geöffneten Schachtel stieg überraschend ein dichter Schwarm goldener Fliegen in die Luft und umschwirrte die Geschwister. Aber eigentlich waren es gar keine Fliegen, wie die Kinder gleich darauf feststellen konnten. Es waren kleine Sternchen, die nach oben zur Zimmerdecke stiegen, glitzernd im Mondlicht herumflogen und dann verglühten. Dazu war, wer weiß woher, ein feines Glöckchengeläute zu hören.

„Aah!" und „ooh!", war alles was den Kindern einfiel zu sagen.

5 Ein rätselhafter Zettel

Mit offenen Mündern staunten sie über den Zauber. Dann war auch schon wieder alles vorbei und sie spürten den kalten, harten Fußboden, auf dem sie saßen.

„Alter Schwede! Der Hammer! He, guck mal, da liegt ein Zettel in der Dose. "Harald zog ihn heraus und faltete ihn auseinander.

"Was steht denn da drauf, lies doch mal vor." Das Mädchen wurde ganz zappelig, weil sie noch nicht so richtig lesen konnte. Sie klappte die Dose wieder zu.

„Moment", sagte Harald, „das ist so eine komische altmodische Schrift. Warte, warte, ich hab's!"
Und so las er die Worte, mühsam im Mondlicht entziffernd, vor:

**„Bist du in Not, bedroht dich der Tod,
bedrückt dich ein Leid zu jedweder Zeit,
in jedweder Form, so rufe den GORM!"**

„Ooch klar, den Zettel hat bestimmt die verrückte Tante Amalia früher hier versteckt. So ein blöder Scherz!" Harald knüllte den Zettel zusammen und warf ihn ärgerlich zur Seite. Im Stillen hatte er wirklich auf etwas Interessanteres als einen blöden, rätselhaften Spruch gehofft.

„Da liegt noch ein Zettel drin!" rief Thyra, die die Dose wieder geöffnet hatte. Diesmal waren aber nur ganz wenige „Goldfliegen" herausgeschwärmt.

„Ach, etwa noch so eine Weisheit, die keiner gebrauchen kann?" Er griff danach, und faltete auch diesen Zettel auseinander.

„Bist du in …, " las er und stockte. „He, das ist doch der gleiche Zettel wie eben!" Unwillkürlich suchte er das weggeworfene Papierknäuel. Es war nirgendwo mehr zu sehen.

„Wie hast du das gemacht?" Harald war verblüfft.

„Was gemacht?"

„Na, das mit dem Zettel. Gib es zu, du hast ihn wieder hineingepackt!" Wütend zerriss er nun das Paper und warf seiner Schwester die Fetzen ins erschrockene

Gesicht.

Sie schloss den Deckel und öffnete ihn wieder. Und da lag der Zettel, als wenn nichts gewesen wäre, völlig unversehrt und sauber gefaltet wieder darin.

Thyra griff nun nach dem Papier und drehte es in den Händen nach allen Seiten.

„Das muss Zauberei sein."

„Ja, Zauberei für Blödförmchen wie dich! Das ist doch nur ein billiger Trick, weiter nichts!"

„Aber sieh doch mal, hier, auf der anderen Seite des Zettels steht noch mehr!"

„Wieso, habe ich das eben etwa übersehen? Tatsächlich", wunderte sich Harald und wendete den Zettel vor seinen Augen hin und her.

„Ja, hör zu:" und dann las er laut vor.

Eins und Drei sind Vier und zwei,
so geht der dunkle Reim.
versprichst du dich, dann ist's vorbei,
gehst mir auf den Leim.

Fünf und Neun und Sechs und Acht,
fragst du nach der Sieben?
Wo sie steckt, das hat die Nacht
dir ins Herz geschrieben.

Eins ist klein und Neun ist dumm
Zwei und Acht sind alt.
Drei und Fünf und Sieben krumm,
Vier und Sechs sind kalt.

Eins und Drei sind Vier und zwei,
so geht der dunkle Reim.
Versprichst du dich, dann ist's vorbei,
gehst mir auf den Leim.

6 Eine Gestalt, wie aus bösen Träumen

Kaum hatte er den letzten Vers beendet, da wetterleuchtete es über dem Hof, so hell wie in noch keiner anderen Nacht zuvor. Es wurde für einen Moment so gleißend hell, dass selbst der Mond dagegen verblasste.

Erschrocken sprangen die Kinder zum Fenster und spähten zum Schuppen.

Mit einem gewaltigen Donnerschlag, der die Fensterscheiben klirren ließ, sprang die Schuppentüre auf. Eine glutrot leuchtende Nebelwolke wälzte sich aus der Türöffnung heraus über den Hof.

„Alter, jetzt ist die Bude endgültig in die Luft geflogen!" Harald leckte seine trockenen Lippen.

Als die Glutwolke Sekunden später die Mitte des Hofs erreichte, löste sie sich auf. Zurück blieb eine gespenstische Stille. Einzig das Knarren der alten Schuppentür, die noch ein wenig in ihren rostigen Angeln hin und her schwang, war zu hören.

An der Stelle, wo sich die Wolke aufgelöst hatte, war etwas Dunkles, Unförmiges im Schnee zurückgeblieben.

Mit glitzernden Augen schien es bewegungslos zum Fenster der Kinder hinauf zu starren.

Die Geschwister duckten sich schnell unter die Fensterbank. Aber es war zu spät.

„Es hat uns gesehen, es hat uns gesehen!" Der Junge flitzte, so mutig er sonst auch war, in sein Bett und zog sich die Decke über den Kopf. Als nichts passierte, schaute er aus einem Spalt unter der Bettdecke hervor. Seine Schwester stand noch immer am Fenster und sah in den Hof.

„Was machst du denn da? Geh doch vom Fenster weg!" Harald flüsterte vor Aufregung heiser.

„Schau mal", sagte das Mädchen ganz verwundert, „ein Männlein!"

Jetzt wollte Harald auch wissen, was da los war.

Er trat zu ihr und sah in den Hof. Da stand nun tatsächlich ein Männlein in all dem

Schnee und Eis und schaute nach oben. Kaum aber hatte sich der Junge am Fenster gezeigt, wieselte es pfeilschnell über den Hof. Dann schepperte etwas, und das Regenrohr an der Wand neben dem Fenster wackelte. Scheußliche Geräusche waren zu hören, ein Ächzen, Klappern und Kratzen und Quietschen, als würden Nägel über Ziegelstein schaben.

Dann wurde es still und die Kinder atmeten erleichtert auf. Scheinbar war es weg.

Die Kinder wollten noch einmal in den Hof schauen um sich zu überzeugen. Aber genau in dem Moment, als sie dicht an das Fenster herangetreten waren, tauchte plötzlich draußen, auf dem verschneiten Fenstersims, direkt vor den Gesichtern der Kinder eine Gestalt auf, wie man sie wohl nur aus bösen Träumen kennt.

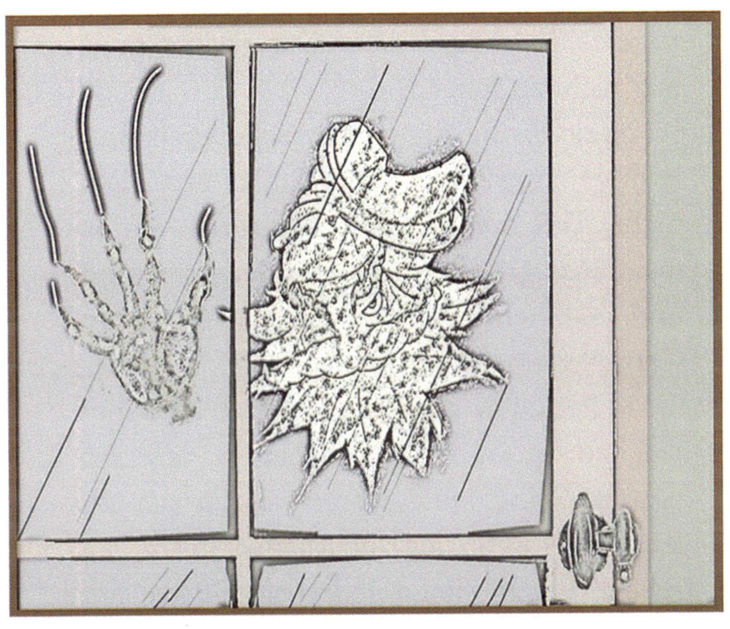

Das Männlein war offenbar die Hauswand
am Regenrohr emporgeklettert, und von da
aus zum Fenster der Kinder gesprungen. Es
schob sich den Hut gerade, der aussah wie
ein zerdrückter Schuh, und bei dem
gewagten Sprung wohl verrutscht sein
musste. Mit langen, rissigen Fingernägeln

kämmte es sich einen wilden, struppigen Bart, und grinste mit nur einem Auge zuckersüß daraus hervor. Das andere Auge war nicht zu sehen.

So merkwürdig die ganze Sache auch war, richtige Angst hatten die Kinder nun nicht mehr. Das spindeldürre Männlein war ja nicht mal größer als ein Kindergartenkind und sah eher aus, wie ein hässlicher Gartenzwerg.

Seine fleckigen, dunklen Sachen waren ihm viel zu groß und schlabberten um ihn herum. Seine Füße waren wegen der zu langen Hosenbeine überhaupt nicht zu sehen. Einzig einen ledernen Gürtel mit einer golden schimmernden Schnalle, hatte es sich schmückend um den Bauch geschlungen.

Nun lüftete der kleine Mann seinen Hut und sagte mit lustiger Stimme:

"Ich habe gehört, hier braucht jemand Hilfe? Ich biete mich an." Damit wollte er sich verbeugen, stieß aber mit seinem Kopf gegen die Scheibe und wäre fast von der

Fensterbank in den Hof gestürzt.

„Mnjach, jach, jach, brr! Lasst mich doch bitte erst mal herein, sonst bekomme ich noch Frostbeulen an den Füßen oder stürze mich gar zu Tode. Dabei kratzte er mit seinen Fingernägeln lange Striche über die Fensterscheibe. Ein Geräusch, das einem eine Gänsehaut über den Rücken jagte, und man sich die Ohren hätte zuhalten mögen. Dann blickte das Männchen die Kinder treuherzig an und zog mit seinen Krallenfingern das eine Hosenbein nach oben, so dass ein nackter Fuß zum Vorschein kam.

„Oh, du hast ja gar keine Schuhe an, du Armer", bemitleidete ihn die Kleine.

„Warte, ich mache das Fenster auf!"

„Halt!" rief Harald. ‚Nicht so schnell', wollte er noch sagen, er traute dieser merkwürdigen Figur nämlich gar nicht. Schließlich konnte er sich nicht vorstellen, dass es so etwas wie Gnome, Kobolde oder Zwerge in der heutigen Zeit noch gab. Heute gab es Fahrräder, Autos, Handys und Fernseher und Computerspiele. Aber keine kleinen Männlein auf verschneiten Fenstersimsen. Für die gab es nun wirklich keinen Platz mehr.

8 Thyra begeht einen großen Fehler

Doch es war bereits zu spät. Schon hatte seine kleine Schwester dem Wesen das Fenster geöffnet. Dieses war nicht lange faul geblieben, und kam ins Zimmer hereingesprungen.

Direkt auf dem Stuhl beim Fenster reckte es sich nun, wie nach einem langen, langen Schlaf.

„Ah, sechzig Jahre sind schon eine lange Zeit, da rosten einem die Knochen ja fast zusammen. Oh, das tut gut!"

Harald schloss seinen offen stehen gebliebenen Mund, wich einen Schritt zurück und schluckte den Schrecken hinunter.

„Na, bist wohl ein Hosenschisser?" fragte das Männchen. Hämisch schaute es mit verdrehtem Kopf den Jungen von unten herauf an.

„Vorhin hast du doch noch geflennt: „Ich wünschte der Schneemann hätte eine Nase bekommen, hu, hu, hu'! Oder habe ich mich da etwa verhört?"

Mit einem weiteren Satz sprang es auf den Schreibtisch des Jungen. „Hast den Gorm gerufen. Oder etwa nicht, Schisser? Hähä!"

„Wa...was? Ich? Ich, ich habe…, was soll ich gerufen haben?"

Langsam und unauffällig schob sich der Junge in Richtung Tür. Vielleicht gelang es ihm ja, das Licht einzuschalten. Wenn es nur hell genug war, würde das garstige Männchen gewiss verschwinden.

„Das Gedicht, Blödmann! Du hast den Gorm gerufen: ‚Bist du in Not, bedroht dich der Tod, bedrückt dich ein Leid zu jedweder Zeit, in jedweder Form, so rufe den GORM!' haspelte es schnell hervor. „Na, macht's klick? Und der GORM, das bin ich! – Weg von der Tür!"

Hatte seine Stimme anfangs noch leise und nett geklungen, wurde sie, als er das Gedicht vom Gorm aufsagte, immer lauter. Zum Schluss hatte das Männchen gar geschrien und versperrte dem Jungen mit einem einzigen Sprung, quer durchs Zimmer, den Weg zur Tür.

„Das Licht bleibt aus, eine Kerze genügt!"
Er schnipste mit den Fingern und hielt
plötzlich eine dicke, brennende Kerze in der
Hand.

Und mit plötzlich wieder ganz freundlicher
Stimme wandte er sich an Thyra:

„Und du, mein kleiner Schatz mit dem hübschen Schal um den Hals, mach doch bitte das Fenster wieder zu, sonst erkältest du dich noch! Ja?"
Thyra schloss gehorsam das Fenster und wagte nicht mehr, sich zu mucksen. Jetzt, da der Kleine sich so merkwürdig benahm, begann ihr Herz plötzlich vor Angst schneller zu schlagen.

„Und, wie war das jetzt mit dem Gedicht? Wenn ich euch helfen soll, muss ich es direkt noch einmal hören. Hier", er streckte seine Hand aus und ließ den Zettel in die Hand des Jungen fallen.

„Darfst zum Fenster gehen, da ist es heller. Sollst dir ja nicht die Äuglein verderben, Schisser! Wirst schon sehen, der Schneemann bekommt seine Nase."
Harald hatte das Papier unwillkürlich genommen. Kurz fragte er sich, wie der struppige Geselle bloß an den Zettel gekommen war. Er hatte das Papier doch vorhin, als er und Thyra zum Fenster

gestürzt waren, auf den Boden fallen lassen. Ungeachtet dessen ging er, verfolgt von dem kleinen Mann mit seiner Kerze, zum Fenster und begann, das Gedicht vorzulesen.

‚Wenn ich ihm diesen Wunsch erfülle, werden wir ihn vielleicht los‘, dachte er sich. Allerdings war er sehr aufgeregt. Seine Hände zitterten so heftig, dass die altmodische Schrift immer wieder vor seinen Augen verschwamm.

"Eins und drei sind vier und zwei, so geht der dunkle Reim", begann er und versuchte dabei ruhig zu bleiben.

Er kam bis zur dritten Strophe, wo es hieß: ‚Eins ist klein und neun ist…" Dort stockte er, weil er das Wort nicht richtig entziffern konnte.

„…und neun ist… und neun ist…"

„…doof!" rief ihm Thyra vom Fenster aus zu. Sie wollte ihm doch nur helfen.

„Nein!" kreischte das Männlein. „Nein, nein, nein! Es muss heißen: „Dumm!"

„Dumm!" und nicht „doof!" Dumm, dumm, diedeldumm-diedumm-diedumm, haha, haha!"

Seine Stimme wurde immer leiser und verhallte, wie aus weiter Ferne. Dann war nichts mehr zu hören und das Männlein war weg.

Für einen Moment hatte Harald die Luft angehalten. Nun stieß er sie erleichtert aus.

„Er ist weg, Mann oh Mann, alter Verwalter!"

9 Wohin ist Thyra verschwunden?

Er blickte nach dort, wo bis eben seine kleine Schwester gestanden hatte.

Nur stand sie dort nicht mehr, und auch nirgendwo anders, wie ihm ein rascher Blick durchs Zimmer zeigte.

„Du kannst wieder vorkommen, er hat sich aus dem Staub gemacht!"
Verwirrt schaute Harald sich um.

„Wo steckst du denn? Komm endlich raus, das macht keinen Spaß!" ‚Bestimmt hat sie sich im Kleiderschrank verkrochen'. Einerseits konnte er sich zwar nicht vorstellen, wie sie das geschafft haben sollte, ohne dass er es bemerkt hätte, andererseits aber war ja die ganze Situation total verrückt. Leise schlich er sich zum Schrank und öffnete langsam die Türen. Aber dort hingen nur ganz normale Sachen. Unten, auf dem Schrankboden, war auch kein Platz, dort standen die Legokisten.

Ihr Bett war leer, nur die verknüllte Bettdecke lag darauf.

Andere Verstecke als im Kleiderschrank oder unter der Bettdecke gab es nicht.

‚Sie wird doch nicht etwa aus dem Fenster…?‘

Schnell ging er zum Fenster, konnte aber nur feststellen, dass es noch immer von innen verriegelt war.

Sein Blick fiel auf den schneebedeckten Hof, der im Mondlicht fahl schimmerte.

Von Thyra war natürlich nichts zu sehen.

Auch von dem Auftritt des *GORM* fehlte jede Spur. Nicht mal Fußspuren waren im Schnee zu sehen.

Nur der Schneemann stand noch immer einsam in der kalten Nacht, genau an der Stelle, wo sie ihn zurückgelassen hatten.

‚Wo war sie nur‘? Langsam bekam Harald Panik. Sein Blick wanderte noch einmal zum Schneemann. Was trug der den da um den Hals? Einen Schal? Das war doch nicht möglich! Wer hätte denn den Schal dort …?

Ein schrecklicher Verdacht keimte in ihm auf.

10 Eine entschlossene Tat

Harald dachte an das garstige Männchen, wie es hämisch gelacht hatte, als Thyra ‚doof‘, statt ‚dumm‘ gesagt hatte.

Wie hieß es im Spruch gleich nochmal: ‚Versprichst du dich, dann ist's vorbei, gehst mir auf den Leim‘.

Der große Junge beschloss, nicht einfach

abzuwarten ob sie plötzlich wieder auftauchen würde oder nicht. Er musste sie suchen und zwar sofort.

Vielleicht hatte der hinterhältige *GORM* sie verschleppt. Wer weiß, was sie erleiden musste. Bestimmt hatte sie nun Angst und fror, sie hatte ja nur ihren Schlafanzug an.

Kurz dachte er daran, zu Mama und Papa zu gehen.

Aber was sollte er sagen? Etwa: ‚Der *GORM* war da und hat Thyra geholt:‘ Sie würden ihm sowieso nicht glauben. Sie würden Fieber messen, den Arzt anrufen und ihn untersuchen lassen. Und dann hätte er auch gestehen müssen, dass er das Geheimfach unterm Fensterbrett geöffnet hatte. Das hätte er bestimmt nicht tun dürfen. Das würde garantiert Ärger geben.

Er war also ganz auf sich allein gestellt.

Nun, wo er darüber nachdachte, konnte er auch einfach nicht glauben, dass der GORM sie mitgenommen haben sollte. „Blödsinn! So etwas geht doch gar nicht. Denk logisch!" ermahnte er sich.

Also, wenn sie nicht mehr im Zimmer war und auch nicht durch die Tür hinausgegangen sein konnte, gab es eigentlich nur noch eine Möglichkeit.

Sie musste irgendwie doch aus dem Fenster geklettert sein.

Der Junge zog seine Hausschuhe an und drehte den Fenstergriff.

Ein eiskalter Windstoß ließ den Fensterflügel aufschwingen und wehte ein paar glitzernde Schneeflocken ins Zimmer herein.

Im fröstelte in seinem dünnen Schlafanzug.

Aber es blieb keine Zeit sich noch großartig anzukleiden. Er musste die Kleine retten, ehe es vielleicht zu spät war.

Wenn es das Männchen nach oben geschafft hatte, müsste es für ihn eigentlich ein Kinderspiel sein, am Regenrohr hinunter zu klettern.

Er schaute noch einmal in den Hof, bevor er entschlossen aufs Fensterbrett stieg.

11 Kann ein Schneemann weinen?

Unter ihrem Zimmer befand sich das Gästezimmer, und darunter noch die Waschküche. Drei Stockwerke, das war ganz schön hoch.

Behutsam taste er mit einem Fuß nach draußen, auf die verschneite Fensterbank.

Dann schob er seinen Körper durchs Fenster und zog den zweiten Fuß nach.

Heftig atmend verharrte er so einen Moment. Jetzt bloß nicht nach unten sehen!

Mit einer Hand hielt er sich am Fensterrahmen fest und griff mit der anderen schon nach dem, mit Eis bedeckten Rohr. Das Rohr wackelte unter seinem Griff.

Hoffentlich verlor er jetzt bloß nicht den Halt.

Ihm zitterten die Knie.

Dann wagte er es.

Er löste seine Hand vom Fensterrahmen

und setzte einen Fuß an das Regenrohr.

Abwechselnd Hände und Füße vorsichtig nach unten schiebend kam er schließlich schwitzend und völlig erschöpft, unten im Hof an.

Er verschnaufte sich noch einmal kurz und schaute nach oben.

Oh man, wie sollte er da bloß wieder hinaufkommen, noch dazu mit seiner kleinen Schwester im Schlepptau?

Dann dreht er sich um und blickte zum Schneemann.

Tatsächlich, der hatte Thyras Schal um den Hals. Also doch!

Wenn er den GORM bloß erwischte, den würde er durch die Mangel drehen! Das war einwandfrei gesetzt, hundert Pro!

Zuerst wollte er jedoch den Schal näher untersuchen.

Um zum Schneemann zu gelangen, musste er allerdings an der Schuppentür vorbei.

Er schätzte die Entfernung und sprintete, so gut es in Hausschuhen eben ging, los. Kaum war er jedoch ein paar Schritte gelaufen, schlug ihm jemand die Beine weg. Er stürzte mit vorgestreckten Händen in den Schnee und sah sich panisch um. Da kullerte bloß der leere Eimer, den er am Abend aus der Waschküche geholt hatte. Harald stand erleichtert auf und rieb sich die Knie.

Dann stand er vor dem Schneemann und wollte den Schal herunternehmen.

Das Gesicht des Schneemanns hatte sich jedoch auf so eigentümliche Art verändert, dass er damit innehielt.

Etwas war ganz und gar nicht so, wie es sein sollte und nicht so, wie sie ihn verlassen hatten, das sah er jetzt, direkt aus der Nähe, ganz deutlich.

Der Mund aus Stöckchen hatte sich zu einem Weinen verzogen, aber das war noch nicht einmal das Merkwürdigste. Da war noch etwas Anderes.

Der Schneemann hatte nun eine Nase anstelle der Vertiefung die sie für die Mohrrübe vorbereitet hatten. Aber es war

keine Möhre die da steckte, oh nein, sondern
ein kleines, ganz verfrorenes Kindernäschen.
Entsetzt taumelte der Junge zwei Schritte
zurück und glitt auf einer gefrorenen Pfütze
aus.

Die hatte es am Nachmittag noch nicht dort
gegeben. Er schlug mit dem Rücken so hart
auf dem Boden auf, dass ihm für einen

Moment die Luft wegblieb.

Da lag er nun auf dem kalten Eis, schlotternd und immer noch schockiert. Schnee hatte seinen Schlafanzug durchdrungen und ein Hausschuh war verloren. Nun kamen dem jungen Retter selbst die Tränen, so hilflos fühlte er sich.

12 Sturz in die Tiefe

Hatte er das wirklich gesehen? Hatte der GORM seine kleine Thyra etwa wirklich in den Schneemann verwandelt?

Mühsam drehte er sich auf den Bauch und wollte schnell wieder zum Schneemann kriechen.

„Oh Mann, Thyra, altes Zickenbein!" Er musste schleunigst Gewissheit haben!

Der Mond hatte sich inzwischen hinter einer Wolke verborgen.

Vorsichtig, um nicht wieder auszugleiten, stand er auf und machte einen Schritt auf den Schneemann zu.

Was war das da in der Pfütze? Ein rötliches, flackerndes Licht schien sich auf der glatten Eisfläche vor ihm zu spiegeln.

Harald ging irritiert noch einen Schritt weiter und beugte sich nach vorn um herauszubekommen, um welche Teufelei es sich nun wohl wieder handeln mochte.

Er war auf fast alles gefasst. Nur nicht auf das, was jetzt folgen sollte.

Ein weiterer Schritt und plötzlich knirschte es unter seinen Füßen, als würden tausende winziger Knochen brechen. Ehe er's sich versah, gab die Eisfläche unter ihm nach, er durchbrach die Eishaut und stürzte tief nach unten.

‚Bitte, lass es da unten weich sein! ', dachte er noch, dann schlug er mit den Füßen voran auf.

Scheinbar hatte sich unter der Pfütze ein großer Hohlraum befunden, der nur durch diese dünne Eisdecke überfroren gewesen war.

Auch diesen Raum hatte es am Nachmittag noch nicht gegeben, da war er sich sicher.

Zum Glück schien er sich bei dem Sturz nicht verletzt zu haben. Jedenfalls verspürte er keinerlei Schmerzen in seinen Beinen.

Im Gegenteil, er konnte seine Beine überhaupt nicht mehr spüren.

Er sah an sich hinab und musste feststellen, dass er bis zur Hüfte im Fußboden steckte.

Raue Dielenbretter umschlossen ihn und ließen ihm nicht einen Zentimeter

 Bewegungsfreiheit.

Harald schaute nach oben, von wo er ja wohl gekommen sein musste, konnte aber keine Öffnung entdecken, nur Dunkelheit.

Der Raum schien ein leeres Zimmer zu sein. Ringsum, die Wände, waren aus grob behauenen, graugrünen Sandsteinblöcken zusammengesetzt. Dort wo das Mauerwerk zusammengefügt war, schimmerten sie dunkelrot.

In einer rostigen Halterung steckte eine orange brennende Fackel und verbreitete knisternd und rauchend etwas diffuses Licht im Raum.

Seitlich von sich, entdeckte der feststeckende Junge nun auch einen riesigen hölzernen Sessel, der auf einem spinnwebverhangenen Podest stand.

Auf dem Sitz des Sessels lag ein prächtiges, mit Gold besticktes Kissen, die Armlehnen waren reichlich mit Schnitzereien versehen und vergoldet.

So hatte sich Harald immer einen Thron vorgestellt.

Er versuchte nun sich zu befreien. Aber je mehr er zappelte, desto fester griffen die Fußbodenbretter nach ihm und zwängten ihn nur noch fester ein.

Er stützte sich mit den Händen auf dem Boden ab, wie im Sportunterricht beim Barrenturnen. Aber alle Anstrengung half nicht. Er steckte fest.

Plötzlich hörte er ein leises Rascheln hinter sich.

„Bist du das?" Vielleicht war Thyra ja ebenfalls in diese Pfütze getreten und war auch hier gefangen. Das Rascheln verstummte für einen Augenblick, aber niemand antwortete ihm.

„Verdammt, hilf mir hier heraus, ich stecke fest!"

Er versuchte sich umzudrehen, aber das gelang ihm nicht vollständig. Egal nach welcher Seite er sich auch verdrehte, stets blieb ein Bereich hinter ihm, den er nicht einsehen konnte.

Das Rascheln setzte von neuem ein. Harald schien es, als wäre es jetzt lauter als noch eben, und als würde sich obendrein nähern.

„Bist du das, GORM? Was soll das? Glaub bloß nicht, dass ich Angst vor dir habe!"
Erneut versuchte Harald, sich mit Schwung umzudrehen. Aber es gelang auch dieses Mal nicht. „Hilf mir hier heraus und gib meine Schwester frei!"
Das Rascheln setzte wieder aus.
Dafür bewegte sich jetzt vor ihm eine Art dunkler Ballen über den Fußboden.
Was es auch war, es kam mit klackenden Trippelschritten auf ihn zu gehuscht.
Dann erkannte er, was sich ihm da aus der Dunkelheit des Raumes näherte.

13 Harald ist mutiger als er denkt

Eine große Ratte!

Eine Armlänge vor ihm blieb sie stehen und starrte ihn mit rot funkelnden Augen an.

Dann legte sie sich nieder, ringelte einen dicken, haarlosen, langen Schwanz um sich herum und schnupperte.

Auch das noch!

Harald versuchte, das Tier mit wedelnden Armen und: „ksch, ksch!" zu verscheuchen. Erfolglos.

Plötzlich quiekte die Ratte, und das Rascheln hinter Harald begann von neuem.

Seitlich von ihm trippelten nun zwei weitere Ratten in sein Blickfeld.

Die erste Ratte schien ihn hungrig anzugrinsen. Sie bleckte die scharfen Nagezähne, die ihm fürchterlich weiß aus der Dunkelheit entgegen leuchteten.

Erneut wedelte der Gefangene mit den Armen, aber die Ratten ließen sich davon nicht beeindrucken.

Im Gegenteil, nun schien ihr Interesse an

dem zappelnden Kind erst recht geweckt zu sein. Sie kamen langsam und vorsichtig, bis auf eine halbe Armlänge an ihn heran. Abwartend, und ihn beobachtend, hielten sie wieder an, als wollten sie den besten Zeitpunkt für einen Angriff herausfinden.

Dem Jungen fiel nichts ein, wie er sich vor den angriffslustigen Biestern schützen könnte, oder wie er sie gar vertreiben sollte.

Wenn er doch nur einen Stock gehabt hätte, oder wenigstens etwas zum Werfen.

Die Ratten trippelten noch ein kleines Stück weiter auf ihn zu.

Hektisch tastete er seine Schlafanzugtaschen ab. Wenigstens einen Legostein hätte er jetzt gut gebrauchen können. Aber in seiner Tasche knisterte nur etwas Bonbonpapier.

Das konnte nicht sein! Er hatte schon seit Tagen keine Bonbons gegessen.

Was also knisterte da?

Er versenkte die Hand in die Tasche und zog den vermaledeiten Zettel mit dem Gedicht des GORM hervor. Ausgerechnet!

Durch diesen Zettel waren sie erst in diese vertrackte Situation geraten.

Doch gleich darauf fiel ihm ein, dass er ja den GORM mit diesem Gedicht herbeigerufen hatte, auch wenn er es unabsichtlich getan hatte. Sollte er es trotzdem noch einmal wagen?

Die Ratte vor ihm richtete sich auf ihren Hinterbeinen auf und reichte ihm nun fast bis zur Brust.

„Bist du in Not, bedroht dich der Tod, bedrückt dich ein Leid zu jedweder Zeit, in jedweder Form, so rufe den **GORM***!"*

Das Wort *GORM* hatte er zuletzt geschrien, denn die Ratte auf seiner linken Seite bohrte gerade genüsslich ihre Zähne in seine Schlafanzugjacke.

„Na, Schisser, steckst wohl ein wenig in Schwierigkeiten, was?"

Harald richtete – irgendwie erleichtert – seinen Blick zum Thron, auf dem nun der GORM fläzte.

Es hatte funktioniert!

Die enttäuschten Ratten hatten sich

zurückgezogen und starrten nun aus den Zimmerecken vorwurfsvoll zum GORM hinüber. Scheinbar hielten sie ihn für einen gewaltigen Spaßverderber.

„Äh, ja", brachte Harald hervor. „Ein wenig in der Klemme, gewissermaßen. Haben sie meine Schwester entführt?"

„Haben sie meine Schwester entführt, haben sie meine Schwester entführt?" äffte das Männchen den Jungen nach.

„*Deine* Schwester, *deine*? Ich habe mich wohl verhört, oder? Sie ist jetzt *meine* Schwester. Jedenfalls, wenn im Frühling der Schnee getaut ist. Oder hast du vergessen wer mein Gedicht falsch aufgesagt hat? Na, macht nichts. Ich kann gut bis zum Frühling auf *meine* Schwester warten."

„Und wenn ich das Gedicht jetzt noch einmal vorlese? Ich meine richtig, ohne mich zu versprechen, wird dann alles wieder gut?"

„Was denn für ein blödes Gedicht? Außerdem ist es hier viel zu dunkel zum Lesen. Vergiss es. Tschüss!"
Der GORM hüpfte vom Thron und verblasste allmählich.

„Eins und Drei sind Vier und zwei,
so geht der dunkle Reim.
Versprichst du dich, dann ist's vorbei,
gehst mir auf den Leim.

Fünf und Neun und Sechs und Acht,
fragst du nach der Sieben?
Wo sie steckt, das hat die Nacht
dir ins Herz geschrieben.
Eins ist klein und Neun ist dumm
Zwei und Acht sind alt.
Drei und Fünf und Sieben krumm,
Vier und Sechs sind kalt.

Eins und Drei sind Vier und zwei,
so geht der dunkle Reim.
Versprichst du dich, dann ist's vorbei,
gehst mir auf den Leim."

Schon nach der ersten Zeile die der Junge heftig atmend hervorgestoßen hatte, hockte der Gorm wieder in voller Schönheit auf dem Thron und guckte sauer.

Harald war es gar nicht bewusst geworden, dass er die Verse auswendig konnte. „Hah!" Er musste nicht ein einziges Mal auf den Zettel in seiner Hand blicken. Doppeltes „Hah!"

Und außerdem, da hatte der GORM recht, hier war es wirklich viel zu dunkel um die Schrift zu erkennen.

„'Gehst mir auf'n Leim, gehst mir auf'n Leim'. Bist wohl doch nicht so 'n Schisser wie ich gedacht hab', was? Na, noch ist nicht aller Tage Abend. Versprochen!"
Damit sprang der GORM zum zweiten Male vom Thron herunter und schlug wütend die Hände über seinem Kopf zusammen.
Ein goldener Funkenschwarm stob auf, umschwirrte ihn und explodierte in einem grellen Blitz.
Harald schloss geblendet die Augen.
Plötzlich packte ihn jemand von hinten.

14 Schluss

„Angsthase, Pfeffernase, morgen kommt der Osterhase!"

Menschenskind! Seine nervige kleine Schwester wuselte fröhlich um ihn herum.

Warum starrte er bloß die gruselige alte Schuppentür so an?

Schnell nahm er all seinen Mut zusammen und rollte die Kugel für den Kopf des Schneemanns zusammen.

Wenn er Thyra erzählen würde, was er gerade für einen Tagtraum gehabt hatte, würde sie ihn bestimmt auslachen, das alte, liebe, kleine Zickenbeinchen.

Später am Abend, als sie in ihren Betten lagen und das Mädchen schon schlief, grübelte Harald über seinen Tagraum nach.

Vorsichthalber schlüpfte er noch einmal aus seinem Bett, und schaute zum Schneemann in den Hof.

Der hatte eine prächtige Mohrrübennase und einen tollen Eimer als Hut.

Der erschöpfte Junge gähnte herzhaft und kroch wieder unter seine Decke.

Gleich morgen früh würden sie Mama und Papa den Schneemann zeigen.

Harald drehte sich auf die Seite und war fast sofort eingeschlafen.

Er bemerkte daher auch nicht, dass ein sauber gefalteter Zettel aus seiner Schlafanzugtasche zu Boden glitt und gleich darauf verschwand.

Ein goldener, kleiner Stern blinkte für einen Moment über der Fensterbank auf, bevor er mit einem feinen Glöckchenschlag verschwand.

Ende?

Danke fürs Lesen!

Diese spannende Geschichte ist für alle Kinder, die sich gern mal gruseln möchten. Ich habe viel Spaß beim Schreiben gehabt – auch wenn ich mich dabei selbst manchmal etwas vor dem Gorm gefürchtet habe.
Nun, ja.
Am Schluss der Geschichte steht ein Fragezeichen.
Warum, wollt Ihr wissen?
Vielleicht, weil diese Geschichte ja irgendwann einmal weiter geht.
Ich bedanke mich bei allen Freunden, denen ich diese Geschichte vorgelesen habe, und die mir mit Geduld, guten Ideen und sehr hilfreichen Ratschlägen weiter geholfen haben.
Besonders bedanke ich mich bei meiner „kleinen" Nichte Anna, die die Geschichte während eines Spaziergangs durch das sommerliche Berlin, mit Ideen und kindlicher Begeisterung bereichert hat.
Bedanken für Ihre Unterstützung, möchte

ich mich auch bei meiner „Privatlektorin", meiner Frau, Angelika Welker. Viele Fehler habe ich trotzdem eigensinnigerweise – weil ich stur bin und manchmal kein Einsehen habe – immer noch im Text. Entschuldige bitte! Danke, ich liebe Dich!

Nicht zuletzt danke ich meiner großen Schwester, Doris, die sehr früh die Fantasie und den Funken zum Erzählen in mir entzündet hat.

Mein größter Dank gebührt aber meiner lieben Mutter, von der ich wohl das Interesse und die Lust am Schreiben geerbt habe.
Danke!

Detlef Welker
Hude, im November 2024

Detlef Welker:

Geborener Thüringer, Jahrgang 1958.

Verheiratet, Vater und Großvater.

Gelernter Schornsteinfegergeselle, Dipl.-Ing (FH).

Von 1991 bis 2023 technischer Angestellter bei der Deutschen Bahn AG in Erfurt, Hannover und Bremen. Seit 2024 im Ruhestand.

Lebt und schreibt seit 2006 in Hude, Niedersachsen.

Mitglied im Freien Deutschen Autorenverband, FDA- Nord e.V. www.fda-nord.de

Welker schreibt und illustriert (eigene) Kurzgeschichten, Erzählungen und Lyrik für Erwachsene, aber auch für Kinder.

Schreibt ebenfalls Lieder, die er auch vertont und
bei Lesungen auf der Gitarre selbst begleitet.
Er ist Mit-Preisträger beim Berliner
Hörspielfestival 2010,
2015 Veröffentlichung Kinderbuch „Schnief" als
E-Book,
2019 Buchveröffentlichung: „Ein Wachshamster
zwischen den Zeiten".
ISBN 13 978 3 95493 320 4.

Beteiligung an Anthologien, Kurzgeschichten
für regionale Presse. Regelmäßige öffentliche
Lesungen in Erfurt, in Niedersachsen, vor allem
in Hude und in Oldenburg, Vechta und
Rastede.